QUÉ HACER CUANDO TE JUBILAS

...

O simplemente cuando te aburres.

Julián Alegre

Este es un sencillo libro para jubilados (y jubiladas, por supuesto... ya sabéis cómo es nuestro idioma y nadie debe sentirse excluid@) que no saben bien qué hacer con su tiempo... o **para cualquier persona que quiera tener una fuente de ideas para *qué hacer cuando no se sabe qué hacer para entretenerse*.** Espero que este mismo libro sea un entretenimiento ☺.

La palabra Jubilación viene de júbilo,

de alegría.

Sin embargo hay para quien, con la jubilación, llega el no saber qué hacer con todo ese tiempo disponible. Incluso hay quien deja de sentirse útil y se deprime.

Está claro que cada cual tiene sus circunstancias personales, y puede no ser fácil pasar de una rutina, de un saber qué hacer cada día, a tener todo el tiempo para uno mismo. Especialmente difícil se le puede hacer a quien la jubilación le ha llegado de forma forzosa, por accidente o enfermedad, y en adelante no tenga que trabajar pero tenga que enfrentarse a su vida con problemas; en estos casos, abordar su problemática será lo principal, y este libro podría no ser el apropiado, al menos de inicio, ya que tal vez algunas ideas de este libro no las pueda llevar a cabo... espero que otras sí.

Se le puede hacer difícil también la jubilación a quien le gustaba su trabajo y ha tenido que acogerse a la jubilación aunque le hubiera gustado posponerla. En estos casos no te dejes caer en el desánimo. Si lo piensas, con la jubilación es cuando verdaderamente empiezas a ser libre. No tienes la obligación de ir cada día a un sitio concreto a hacer algo determinado. Tu trabajo te gustaba, pero ahora te van a pagar para hacer lo que quieras con tu tiempo... y ¡Hay tantas cosas por hacer!

Si te falta ánimo, una primera cosa

que puedes hacer es buscar ayuda psicológica. No hay que tener ningún reparo a acudir a un psicólogo, cualquiera lo podemos necesitar en algún momento y a todos nos puede venir bien en cualquier momento.

...pero no me extiendo más. Sin más preámbulo, vamos a pasar a ver ideas para pasar el rato. Ojalá en alguna o en varias de ellas encuentres motivación... y recuerda que si alguna no sabes cómo se hace, pues ya tienes un primer objetivo de entretenimiento: aprender, con alguien que te explique, un curso, un libro, Internet, ….

INTERNET

Vamos a empezar por esto porque abre muchas puertas.

Si ya te manejas en Internet, nada más tengo que decirte; pero si no estás familiarizado con Internet y las tecnologías, una buena idea es ponerte a ello. Que te ayude algún amigo o familiar, apúntate a un cursillo o cómprate un libro de autoayuda y aprende por Tu cuenta. En Internet hay prácticamente de todo, y puede ser un entretenimiento por sí mismo o un apoyo para otros.

*Cuidado con las redes sociales, pues pueden ser una estupenda forma de relacionarse y conocer personas de las que suman, pero también te puedes encontrar con personas que, bajo el escudo de no hablar cara a cara, usan Facebook y demás para escupir todo su odio. Si te coincide alguien así, no te dejes contaminar. Ignorar a esta gente suele ser la mejor estrategia.

PUZZLES

Los hay clásicos, con distintas formas (tanto de piezas como de puzzle terminado), tridimensionales....

Busca uno que te suponga un reto, pero no tan difícil que te pueda frustrar.

COSER

¿Qué tal si haces tu propio jersey, o una manta para regalar, o reparas alguna de tus prendas? ¿Y si tejes una imagen como un cuadro? ...

VIDEOJUEGOS

Hace mucho que los videojuegos no son solo cosa de niños, hasta el punto de que muchos de hecho son solo para adultos.

Hay videojuegos casi de cualquier cosa que se te ocurra, y hay auténticas obras maestras, así que

date una oportunidad y prueba si no lo has hecho ya.
18

...y no te desanimes si das de primeras con uno que no sea de tu gusto, que eso puede pasar con cualquier cosa.

SENDERISMO

Pasear es una actividad que, además de relajante, implica un poco de ejercicio. Si además conoces una ruta nueva y disfrutas del entorno ¿Qué más se puede pedir?

DOCUMENTALES

Viendo documentales te entretienes al tiempo que aprendes algo.

Si no se te ocurre cuál ver, consultar listas de documentales ganadores de premios puede ser una opción, aunque ya sabes que no todo lo que gana premios es siempre lo mejor, y que hay muy buenas producciones que no han sido reconocidas con galardones. También te puedes dejar guiar por tu instinto.

PASATIEMPOS

		1				7		
	8	6					1	3
	7		1		9		2	
	2			6			5	
6			8		5			7
	5			7			6	
	6		9		2		7	
	9	2				3	8	
		8				4		

Crucigramas, Sudokus, ….

Cómprate un periódico, una revista o

un libro de pasatiempos y que corra…

el tiempo.

LEER

los humanos podemos ser lo peor pero también lo mejor.

Lo que se me ocurre es algo así como una **"resignación activa"**. Nuestra capacidad es limitada, no somos dioses, por tanto no tiene sentido martirizarnos por aquello sobre lo que no podemos intervenir, porque con el desánimo no solo no solucionamos los problemas sino que nos bloqueamos y no participamos en paliarlos. Así que **hasta ahí la parte de resignación: no podemos con todo. Pero sí debemos ser <u>activos</u> con lo que podamos**: no malgastar papel (al que a menudo se le da poca importancia pero son árboles que dan vida) u otros recursos, ayudar a un perro que encontremos abandonado, comer de forma eticariana o vegana, colaborar con asociaciones ecologistas, no comprar productos testados en animales, no vestir pieles, no acudir a espectáculos con animales, participar en campañas (aunque sean simples firmas en internet) contra las distintas formas de especismo, etcétera.

Incluso haciendo así, debemos tener cuidado de no obsesionarnos: por mucho que hagamos siempre puede parecernos que aún podríamos hacer más. Pero no hay otro

Cómo no, la lectura es una de las mejores cosas en las que invertir tiempo.

Hay libros de todas clases y para

todos los gustos; revistas temáticas, novelas gráficas, cómic, ...

24

Ir a una biblioteca o librería es una experiencia per se.

CINE

Ir al cine es una experiencia en sí misma, pero en casa también nos podemos arreglar ☺.

Además de las películas que te puedan llamar la atención, dale una oportunidad a esas listas de "películas que hay que ver"; aunque algunas te puedan aburrir, irás adquiriendo cultura de cine, que te permitirá aprender a valorarlo mejor en conjunto.

ESPECTÁCULOS

¿Qué tal asistir a un espectáculo? Un concierto de un grupo que te guste, si se da la ocasión. Un concierto de orquesta sinfónica. Un circo (sin animales, por favor). Un musical. Una sesión de monólogos. Un evento deportivo....

DEPORTE

Hacer deporte.

Ver deporte.

VIAJAR

Viajar, de las muchas formas que podemos hacerlo, puede ser un placer en sí, pero si te da pereza lo que es el viaje, piensa en lo fantástico de conocer sitios nuevos.

Es una de esas cosas que dejan una huella que perdura.

JUEGOS DE MESA

Los hay incluso para un solo jugador, como los de "escape", pero hay muchos que tienen incluso clubes y gente que ni se conoce pero queda para jugar.

Y hay juegos de mesa para todos los gustos.

MÚSICA

Escucha música, de la que te guste o prueba otra. La música adecuada en el momento justo, puede ser una cura, te puede alegrar el día, ...

COCINAR

Puedes pensar en el banquete que te vas a dar, pero cocinar es un entretenimiento en sí, y siempre hay una nueva receta por aprender.

MEDITAR

Medita y el tiempo pasará sin que te enteres, y saldrás de la meditación más fresco.

BARES

Sal a tomar algo.

MASCOTA

Compra o, mejor, adopta una mascota. Pero solo si realmente sabes la responsabilidad que asumes, eh.

Un animal es un compañero hasta que la muerte os separe.

Los perros por ejemplo lo dan todo, son increíbles, pero requieren más atenciones que por ejemplo un gato.

ESTUDIA

Puedes hacer incluso una carrera universitaria a cualquier edad.

INVESTIGA

No te digo que te pongas con un caso sin resolver, aunque podría ser una opción válida...

Seguro que hay alguna cosa que te intriga o sobre la que te gustaría saber más.

Tira del hilo.

AJEDREZ

El "juego" por excelencia.

Si no tienes contra quién jugar, apúntate a un club de ajedrez, o compra una computadora de ajedrez, o juega por Internet...

CLUB

Es probable que tengas cerca un club de esa afición que tanto te gusta...

O incluso puedes plantearte crear uno.

FOTOGRAFÍA

Incluso con un móvil se pueden hacer grandes fotografías, aunque mejor una cámara réflex, pero lo importante es la experiencia y aprender trucos y técnicas.

Incluso, es un sustituto amigable de la

caza: sal a buscar tu "presa", apunta…

"dispara"… pero dándote el gusto de

dejar vivir.

A ver qué trofeo te traes a casa…

ESCRIBIR

Desde escribir un artículo de opinión o un ensayo, a ponerte con toda una novela. Escribir puede ser apasionante.

CULTIVAR

Incluso dentro de un piso puedes hacerte una especie de huerto urbano con macetas. Verás qué tomates más ricos ☺.

ORDENAR

Ponte a ordenar tu casa, o ese armario que es un caos.

BRICOLAJE, CARPINTERÍA, MANUALIDADES...

Haz tus propios muebles y otros objetos.

DECORACIÓN

Cambia el aspecto de tu casa.

PINTURA y DIBUJO

Pintar con acuarela, dibujar a lápiz...

Aquí tienes todo un mundo.

PAPIROFLEXIA

También llamada Origami.

Cuántas cosas se pueden hacer con el papel...

APRENDE UN IDIOMA

Con el inglés te puedes apañar casi en cualquier país, además de tener acceso a mucha más información, así que es muy recomendable saberlo. Pero si te gusta otro, adelante.

CURSILLO

Haz un curso, presencial u online, de lo que te apetezca.

AUDIOS

Escucha un audiolibro, un podcast sobre algo que te interese... o pon la radio a ver qué cuentan.

VOLUNTARIADO

Préstate para ayudar a los demás como voluntario, o echa una mano en una asociación.

INSTRUMENTO

Aprende a tocar un instrumento musical.

BAILA

Ponte música en casa y echa unos bailoteos; ve a donde se baile, o apúntate a clases de baile.

DIARIO

Escribe un diario, o unas memorias. Además de entretenido, puede ser incluso una autoayuda psicológica.

RESTAURANTE

Hoy toca ir a comer o cenar de restaurante. ¿A tu preferido o a uno que no hayas probado?

ASTRONOMÍA

Hazte con un telescopio y echa un ojo al vasto universo.

MUSEOS

Visita museos y deléitate.

RESTAURAR

Restaura un mueble antiguo... u otra cosa.

EJERCICIO

Haz ejercicio... ¿Yoga, Pilates, Pesas, ...?

RECUERDOS

Revisa cartas o fotos de hace años...

MAGIA

Aprende magia... o ve a verla y alucina.

BAÑO

Date un baño relajante...

SOLITARIO

Coge una baraja y haz unos solitarios...

RETOQUE DE FOTOS

Abre Photoshop u otro editor de imágenes y mejora tus fotos o hazlas más originales...

GEOGRAFÍA

Abre Google Earth u otro programa semejante, y date una vuelta por el mundo... párate en un sitio y conoce sobre su cultura, arquitectura, ...

OBSERVAR FAUNA

Sal al campo con (o sin) unos prismáticos y date una vuelta... pero con sigilo y no por los senderos habituales...

TEATRO

Ve al teatro... o incluso apúntate tú a teatro, a ver qué tal estás en la piel de otros personajes.

APICULTURA

Dicen quienes le dedican tiempo a las abejas que, además de obtener rica miel, es un mundo fascinante.

BINGO

Ve al bingo....

No te digo a un casino que ahí se mueve más dinero e igual la liamos, jeje ;-).

BOLOS, BILLAR, DARDOS, ...

¿Hacemos puntería? Los dardos además podemos comprar una diana para casa y entrenar... más complicado está el billar y seguramente inviable instalar una bolera, pero para eso están las profesionales.

Ah, también tienes la opción de un arco y unas flechas, pero con cuidado.

O petanca y otros juegos populares....

CESTERÍA, ALFARERÍA...

¿Y si haces unos preciosos cestos de madera o vasijas de barro...?

COLECCIONISMO

Puedes coleccionar absolutamente cualquier cosa, y conseguir nuevas piezas para la colección puede ser un constante aliciente.

COMETAS

A volaar...

JUEGOS DE INGENIO

El famoso cubo de Rubik es solo uno entre cientos de juegos de ingenio con los que puedes pasar muchas horas...

DIORAMAS, MAQUETAS, MODELISMO...

Según nuestra querida RAE, un diorama es un "Panorama en el que lienzos transparentes pintados por ambas caras permiten, por efectos de iluminación, ver en un mismo sitio dos cosas distintas", pero cuando hablamos de diorama en la actualidad, generalmente nos estamos refiriendo al significado de esa palabra en inglés; tomando el diccionario Cambridge: "a model that shows a situation, such as a historical event or animals in their natural environment, in a way that looks real"... es decir: un modelo que muestra una situación, como por ejemplo un evento histórico o animales en su ambiente natural, de modo que parecen reales.

Pues eso: recrea figuras o escenas en miniatura, a escala. Tal vez tu pueblo o tu barrio en miniatura, o tu casa a escala... Todo un arte.

WEBMASTER

Crea una página Web de algo que te apasione.

ELECTRÓNICA

Aprende electrónica y haz *birguerías* con circuitos.

ARTES MARCIALES

Deporte y defensa (o ataque si hiciera falta) personal. Dos (o tres) en uno.

BLOQUES DE CONSTRUCCIÓN

Ya sabes... Lego y semejantes.

Infinidad de cosas para hacer.

POLÍTICA

La política es la forma de hacer las cosas (las públicas).

Cuidado, porque a menudo es algo agridulce, con tal vez tantos quebraderos de cabeza como satisfacciones... pero la política es necesaria y alguien debe estar ahí.

Si te sientes capacitado y con ganas de hacer las cosas bien, adelante.

RADIOAFICIONADO

Una emisora de radio y todo un mundo con el que comunicarte...

REALIDAD VIRTUAL

Unas gafas de esas y creerás que estás allá donde te muestren.

RECOGER FRUTOS

Sal al campo y recoge (con precaución) setas, castañas, hierbas aromáticas....

El aprendizaje previo y el que

adquirirás con la práctica son fines en sí mismos, pero además te darás el gusto de comer cosas riquísimas o incluso preparar perfumes.

ARTE DEL CAFÉ, VINO, CERVEZA...

¿Te encanta el café, el vino, la cerveza....? Pues profundiza en esos temas, ve a catas, ...

FILOSOFA

¿Por qué las cosas son como son...? Pero esas para las que la ciencia no encuentra explicación....

IA

Charla con una Inteligencia Artificial.

Claro que no es lo mismo que con una persona... pero debemos admitir que puede ser mejor que según con qué persona, jaja ;-)

Por cierto, que buena parte de las imágenes de este libro están creadas por Inteligencia Artificial, en concreto charlando con el Chat GPT-4 de Bing (Microsoft), pidiéndole que creara imágenes, con tecnología DALL-E 3.

La anterior imagen, por cierto, fue una de las cuatro que creó al pedirle —Crea una imagen de ti-. La siguiente, con la que cerramos este libro, es más inquietante, y es una de las que creó al pedirle una imagen que representara la Inteligencia Artificial.

¿Qué nos deparará al futuro?

Bueno, no nos agobiemos. Pregúntale por algún entretenimiento, si ninguno de los de este libro te ha sido útil o no te apetece en este momento.

Que vaya bien ☺